리틀 히포크라테스 07

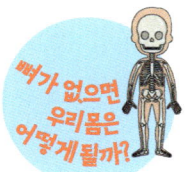

뼈가 없으면 우리몸은 어떻게 될까?

리틀 히포크라테스 07

골격계

뼈가 없으면 우리 몸은 어떻게 될까?

박승준 글 | 박민희 그림

봄마중

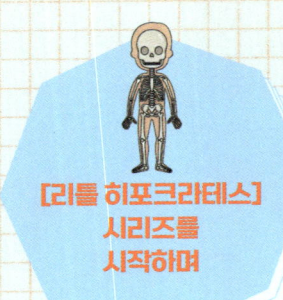

[리틀 히포크라테스] 시리즈를 시작하며

인류의 역사와 더불어 시작된 의학은 질병에 시달리지 않고

건강하게 사는 방법을 연구하는 학문이에요.

의학은 크게 '기초의학'과 '임상의학'으로 나눌 수 있어요.

기초의학은 인체의 구조와 기능에 관한 기본적인 지식을

연구하고, 임상의학은 환자의 질병을

진단하고 치료하는 방법을 공부하는 분야예요.

사람의 생명을 다루는 의학은 어렵고 힘든 일이지만

그만큼 보람이 크고 매력적이기도 해요.

최근 들어 의사가 되려는 어린이들이 늘면서

의학에 대한 관심도 높아지고 있어요.

[리틀 히포크라테스] 시리즈는 어린이들이

인체와 생명의 소중함을 생각하고

의사라는 직업에 관심을 가질 수 있도록

의학의 각 분야를 안내하기 위한 목적으로 기획되었어요.

차례

008	**머리말** | 뼈는 우리 몸의 지지대
012	**묻고 답하고** | 키가 안 커서 고민이에요

1 뼈를 만나보자!

020	뇌를 보호하는 머리뼈
021	우리 몸의 중심축, 척추
024	새장 모양의 갈비뼈
025	체중을 지탱하는 골반
027	다양한 움직임을 가능하게 하는 팔뼈와 다리뼈
030	치아도 뼈일까?

2 뼈는 살아 있다!

036	뼈의 구조: 치밀뼈와 해면뼈
039	부러진 뼈는 어떻게 붙을까?
041	뼈가 자라는 과정
043	아기 머리는 왜 말랑한 부분이 있을까?

3 뼈가 전해 주는 이야기

048	뼈는 과거로 가는 타임머신
052	클레오파트라와 가야 소녀의 얼굴이 되살아난 비밀

053   유해 신원 확인에 쓰이는 몸속의 지문, 빗장뼈
055   경고를 의미하는 해골 표시
056   예술 작품 속의 뼈

4 뼈는 움직인다!

062   관절이 없다면 우리는 허수아비
067   연골에는 뼈가 있을까?
068   아기가 뒤뚱거리며 걷는 이유
071   움직임을 완성하는 근육

5 뼈 건강은 어릴 때부터 챙겨야

077   뼈가 좋아하는 음식과 싫어하는 음식
078   뼈에 자극을 주는 운동
079   자라는 고통, 성장통
080   뼈는 일광욕이 필요해
082   스마트폰과 뼈 건강

6 뼈만 보면 이웃사촌

089   사람은 뼈대 있는 척추동물
091   뼈가 몸 밖에 있다고?
094   옛날 말은 발가락이 있었다고?
096   세상에서 가장 유명한 공룡 뼈

100   **맺음말** | 뼈가 아프면 어디로 가야 할까?

머리말

뼈는 우리 몸의 지지대

건물을 지을 때 제일 중요한 게 뭘까? 그건 바로 건물의 전체를 지탱할 수 있는 튼튼한 뼈대인 '골조'야. 아무리 설계를 잘하고 좋은 재료를 쓰더라도 골조가 허술하면 그 건물은 쉽게 무너질 수 있어. 골조는 건물의 구조를 유지하고, 밖으로부터의 힘에도 견딜 수 있게 해 주는 핵심이지.

사람은 어떨까? 사람의 골조 역할을 하는 건 바로 뼈야. 생각해 봐. 만약 사람에게 뼈가 없다면 똑바로 서 있기는 힘들겠지? 물론 걸을 수도 없고 뛸 수도 없고 뼈 없는 연체동물인 문어처럼 흐느적거리다가 주저앉고 말겠지.

뼈는 건물의 철근이나 우산의 살처럼 우리 몸 전체를 떠받쳐서 지탱하는 역할을 하는 조직이야. '조직'은 같은 모양과 같은 일을 하는 세포들이 모인 것을 말해.

또 뼈는 근육과 함께 걷거나 뛰는 등 우리를 움직일 수 있게 하지. 뼈는 칼슘이나 인 같은 무기질로 이루어져 있어서 매우 단단해. 어느 정도냐 하면, 비슷한 양의 철근 콘크리트보다 4배나 강하고, 같은 무게의 알루미늄과 비슷한 강도를 가지지. 하지만 코뼈 같은 뼈는 유연해서 1cm 정도는 휘어질 수도 있어.

뼈는 살아 있는 조직이기도 해. 겉으로는 변하지 않는 것 같지만, 한시도 쉬지 않고 자라고 죽고 다시 만들어져. 오래된 뼈는 제거되어 새로운 뼈로 대체되는 거야. 우리 몸의 기관 중 제일 무거운 게 바로 뼈야. 성인은 뼈 무게가 몸무게의 15% 정도 되거든.

퀴즈 하나 내볼게. 아기와 어른은 뼈의 개수가 같을까, 다

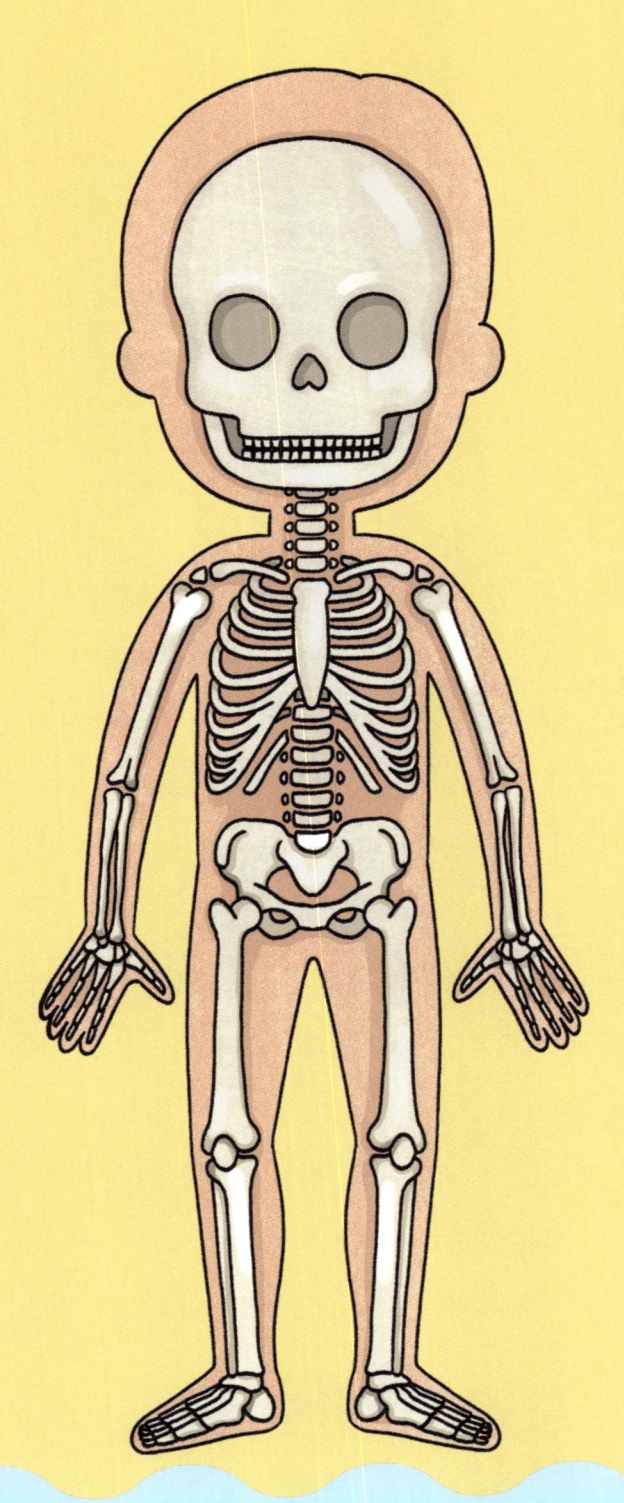

를까? 다르다면 어느 쪽이 더 많을까?

  갓 태어난 아기의 뼈는 300개 정도 된다고 해. 여러 개의 작은 뼈로 나뉘어 있던 것이 자라면서 하나로 합쳐지며 붙게 되지. 그러므로 나이가 들수록 뼈의 개수는 줄어드는 거야. 20살에서 25살 정도가 되면 이 과정이 끝나고 뼈는 모두 206개가 돼. 어떤 일을 오래 해서 그 일에 익숙하다는 의미의 '잔뼈가 굵었다'는 말은 과학적으로 근거가 있는 셈이야.

  뼈에는 이것 말고도 흥미로운 이야기가 아주 많아. 자, 이제 신비로운 뼈의 세계로 한 걸음 더 들어가 볼까?

저 요즘 고민이 있어요.

그래? 어떤 고민이니?

저희 반에는 작년보다 키가 훌쩍 큰 애들이 많아요. 특히 여자아이들은 엄청나게 자랐어요. 그런데 저는 작년과 별 차이가 없어요. 이대로 키가 자라지 않을까 봐 걱정이 많이 돼요.

그랬구나. 그런데 크게 걱정하지 않아도 돼.

왜요?

키가 자라는 속도는 여자와 남자가 달라. 여자는 사춘기도 빨리 시작하고 키도 남자보다 더 일찍 크지. 또 같은 남자라고 해도 친구들보다 조금 늦게 크는 경우는 얼마든지 있어.

휴. 그러면 다행이에요. 매일 우유를 한 컵씩 마시고 있는데 효과가 없어서 걱정했거든요.

그래, 요즘은 키 때문에 고민인 아이들이 많긴 하더구나.

맞아요. 그런데 키는 어떻게 크는 걸까요?

키가 자란다는 건 척추와 다리뼈가 길어지는 거야. 길게 생긴 뼈

의 위아래 끝에는 성장판이 있는데, 성장기 동안 이곳에서 새로운 세포를 만들지. 그러면서 뼈가 길어지고 키가 커지지.

아 그렇군요. 키가 자라는 건 결국 뼈가 길어지는 거네요.

그렇지.

아, 나도 얼른 커서 농구도 잘하고 싶고, 긴 다리를 뽐내는 모델도 되고 싶어요.

하하! 그러럼. 그리고 뼈는 이 외에도 아주 중요한 역할을 많이 해. 재미있는 뼈 이야기를 더 들어보겠니?

뼈는 모양이 매우 다양해. 생긴 것에 따라 팔다리뼈 같이 긴뼈, 손목이나 발목의 뼈 같은 짧은뼈, 머리뼈나 가슴뼈 같은 납작한 뼈, 척추 같은 불규칙한 뼈 그리고 무릎뼈 같은 종자뼈로 나눌 수 있어.

1
뼈를 만나보자!

뼈는 모양이 매우 다양해. 생긴 것에 따라 팔다리뼈 같이 긴뼈, 손목이나 발목의 뼈 같은 짧은뼈, 머리뼈나 가슴뼈 같은 납작뼈, 척추 같은 불규칙뼈 그리고 무릎뼈 같은 종자뼈로 나눌 수 있어.

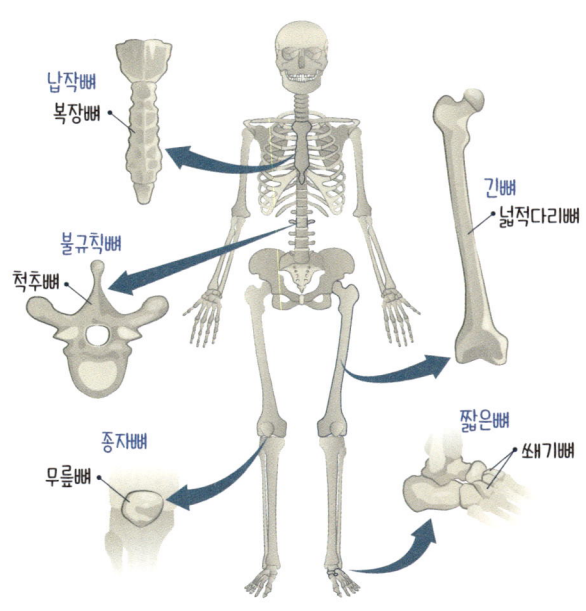

모양에 따른 뼈의 종류

사람의 **뼈대**는 다음 그림과 같아. 이 뼈대를 전부 해체한 후에 다시 맞춘다고 해 보자. 어디부터 시작하는 것이 좋을까? 머리뼈가 가장 크고 눈에 잘 띄니까 우선 머리뼈부터 시작하는 게 좋겠지?

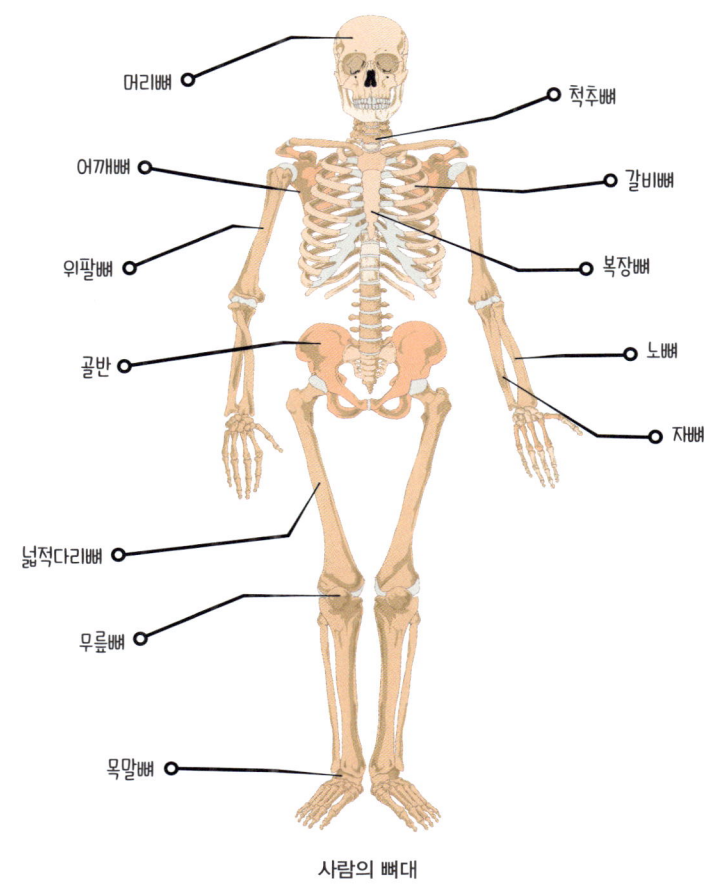

사람의 뼈대

뇌를 보호하는 머리뼈

머리뼈는 자전거나 오토바이 탈 때 쓰는 헬멧과 비슷하게 생겼어. 하는 일도 비슷해. 머리를 보호하는 헬멧처럼 머리뼈 속에 들어 있는 뇌를 보호하지.

머리뼈는 겉으로 보기에는 하나로 보이지만, 실제로는 23개의 조각이야. 머리뼈는 뇌를 싸고 있는 뇌머리뼈두개골와 얼굴 부위를 형성하는 얼굴뼈안면골로 다시 나뉘어. 머리뼈는 아주 단단하게 서로 결합되어 있기 때문에 움직일 수 없어. 머리뼈 중 유일하게 움직일 수 있는 건 아래턱뼈야.

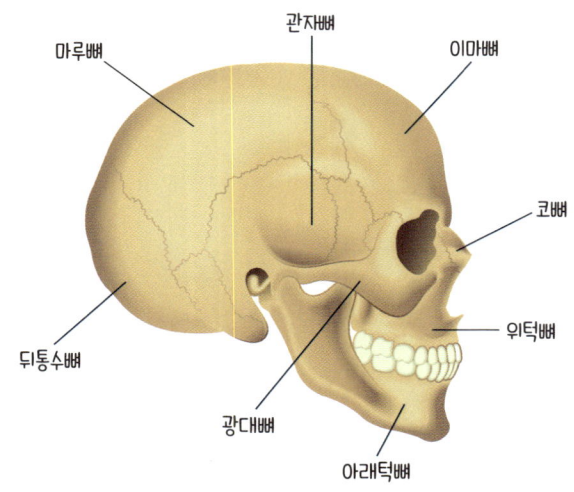

머리뼈

우리 몸의 중심축, 척추

다음에는 머리뼈 밑으로 척추를 기다랗게 놓아볼까? 목부터 엉덩이까지 쭉 이어져 엉덩뼈장골와 만나는 척추는 우리 몸의 중심을 이루고 있는 뼈야.

손으로 등을 만지면 울퉁불퉁한 게 느껴지지? 바로 그게 척추야. 척추는 총 33개의 뼈로 이루어져 있는데 목뼈경추, 등뼈흉추, 허리뼈요추, 엉치뼈천추 그리고 꼬리뼈미추로 나눌 수 있어. 척추 덕분에 우리는 몸통을 튼튼하게 지지하고, 몸을 움직이고, 그 안에 있는 척수와 척수신경을 보호할 수 있지.

척추는 관절에 의해 자전거 체인처럼 서로 연결되어 있어. '관절'은 뼈와 뼈가 만나는 곳인데, 다음에 자세히 알아볼 거야.

관절 덕분에 척추는 다양한 운동을 할 수 있어. 예를 들어 허리를 앞으로 숙이는 굴곡 운동, 허리를 뒤로 젖히는 신전 운동, 몸을 한쪽으로 기울이는 측굴 운동 그리고 몸을 한쪽으로 돌리는 회전 운동이야. 또 몸을 웅크릴 수 있고, 엉덩이를 실룩거리며 돌릴 수 있고, 고개를 끄덕끄덕할 수 있는

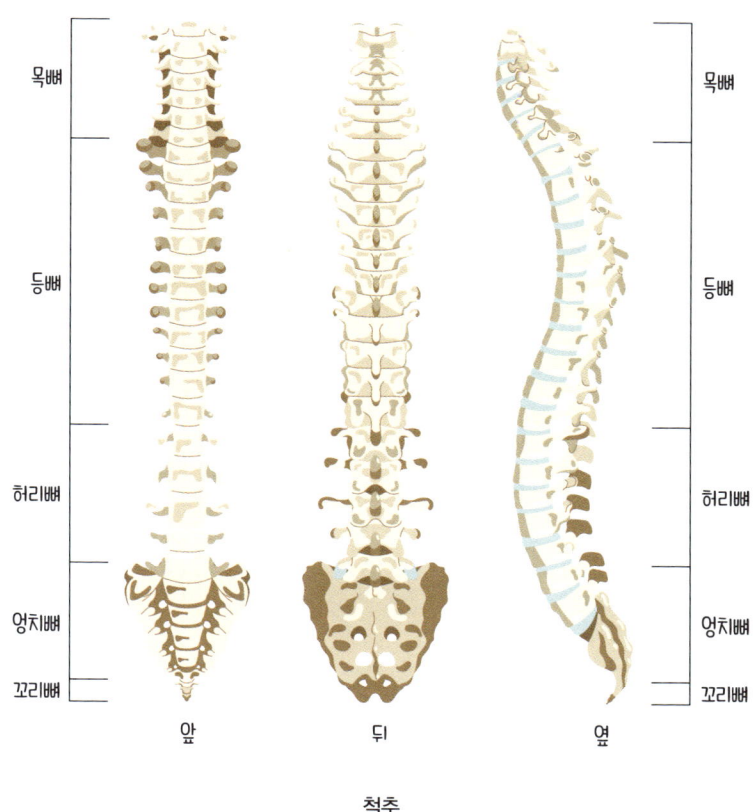

척추

것도 모두 척추 관절 덕분이지.

척추는 앞에서 보면 일자로 쭉 뻗어 있지만, 옆에서 보면 완만한 곡선인 S자 모양으로 휘어져 있어. 걷거나 뛸 때 우리 몸에 전해지는 충격을 줄여 주는 역할을 하지.

앞에서 봤을 때 척추가 옆으로 휘어져 있는 상태를 **척추옆**

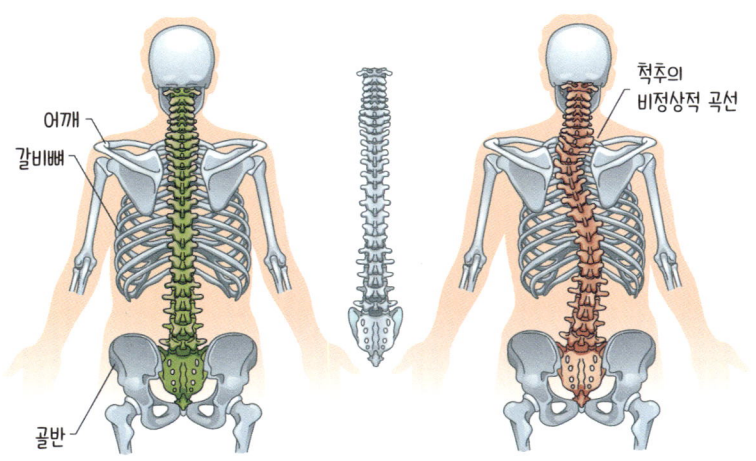

정상적인 척추(왼쪽)와 척추옆굽음증(측만증)

굽음증^{측만증}이라고 불러. 척추옆굽음증은 성장이 빠른 청소년기에 많이 발생해. 증상이 별로 없어서 방치하다가 나빠질 수도 있으니, 평소에 바른 자세를 유지하는 것에 신경을 써야 해.

새장 모양의 갈비뼈

이제 가슴뼈에 기다란 곡선 모양의 **갈비뼈**를 붙여 볼까? 갈비뼈는 새장 모양으로 가슴을 둘러싸고 있는 가슴우리^{흉강}를 형성하는 뼈야. 양쪽에 12개씩 총 24개로 이루어져 있

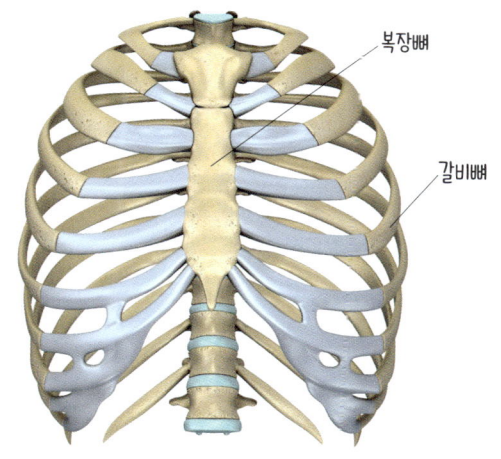

앞에서 바라본 가슴뼈의 모습

지. 가슴 중앙에는 넥타이 모양으로 생긴 길쭉하고 납작한 복장뼈흉골가 갈비뼈와 연결되어 있어.

갈비뼈는 폐나 심장 같은 중요한 내장 장기를 보호하고 가슴우리의 수축과 팽창으로 호흡에 도움을 주는 역할을 해.

체중을 지탱하는 골반

다음에는 **골반**을 놓을 차례야. 골반은 양쪽 2개의 엉덩뼈와 뒤쪽의 엉치뼈와 꼬리뼈로 구성되어 있어. 골반은 배 아래에 위치해 몸통과 다리를 연결하지. 배 속의 창자와 오줌

보_{방광}, 자궁 같은 내장 장기를 보호하는 뼈야.

골반의 윗부분은 아치 모양으로 생겼고, 아래로 갈수록 깔때기처럼 좁아져. 척추와 다리를 든든하게 연결하는 골반은 우리가 체중을 지탱하고 똑바로 서서 걷는 데 중요한 역할을 하고 있어.

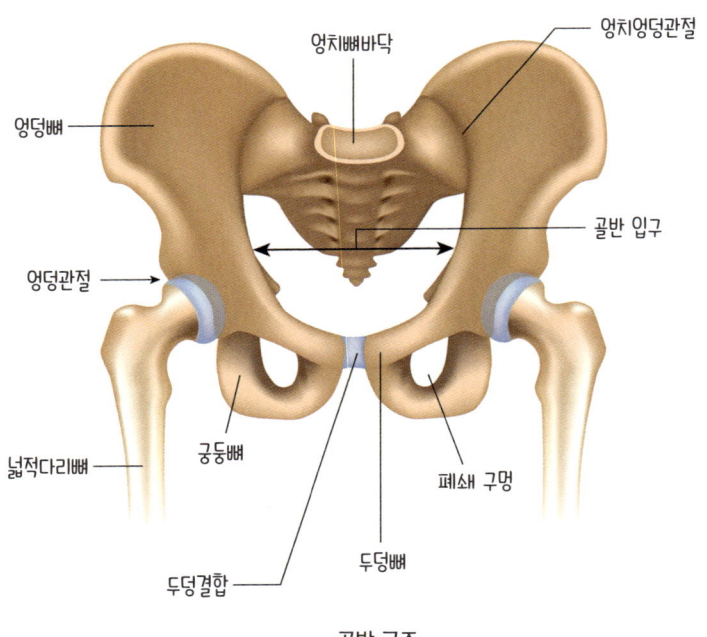

골반 구조

다양한 움직임을 가능하게 하는 팔뼈와 다리뼈

이번에는 어깨뼈 옆에 팔뼈를 붙여 보자. 팔을 이루는 뼈는 막대처럼 생긴 위팔뼈 상완골 와 아래팔뼈 [자뼈 척골 와 노뼈 요골]로 이루어져 있어. 어깨에서 팔꿈치까지 이어지는 긴뼈인 위팔뼈는 팔을 올리고 내리는 등의 움직임을 담당해. 팔꿈치에서 손목을 연결하는 아래팔뼈는 팔의 회전과 굽히고 펴는 동작을 담당하고 있지.

손목과 손가락을 이루는 손뼈는 여러 개의 작은 뼈들로 이루어져 있어. 한쪽에 27개씩 총 54개가 있지. 손뼈는 우리 몸에서 가장 세밀하고 다양한 운동을 할 수 있는 부분이야. 글씨를 쓰고, 물건을 잡고, 다른 사람에게 손을 흔들 수도 있지.

마지막은 다리를 이루는 뼈들을 붙일 차례야. 엉덩뼈와 무릎뼈를 연결하는 **넓적다리뼈** 넙다리뼈, 대퇴골 는 우리 몸의 뼈 중 가장 길고 단단한 뼈야. 남자가 평균 41cm

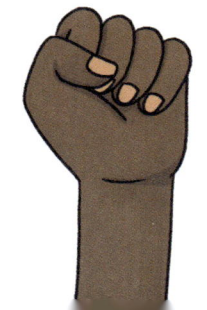
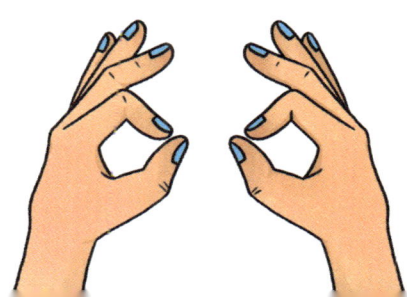

이고 여자는 평균 39cm 정도야. 체중을 지탱하는 역할을 하고 있지.

넓적다리뼈 밑으로 이어지는 뼈는 **정강뼈**경골와 **종아리뼈**비골야. 넓적다리뼈, 정강뼈 그리고 종아리뼈가 만나 무릎관

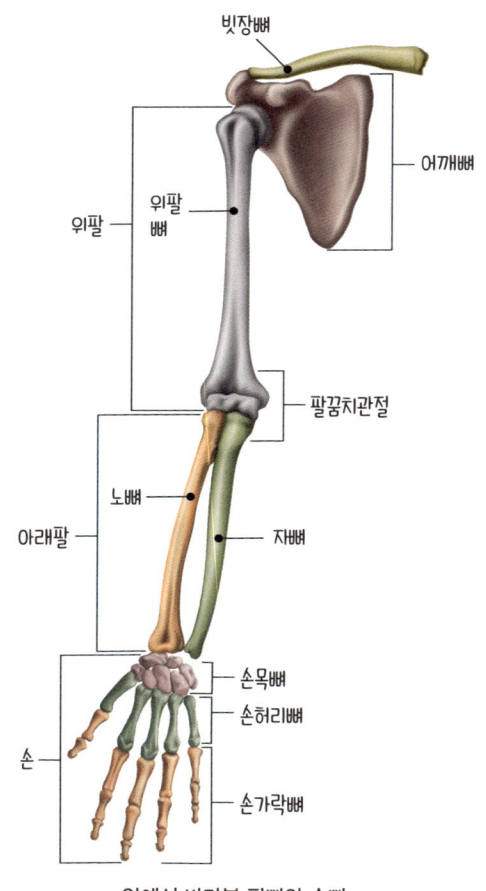

앞에서 바라본 팔뼈와 손뼈

절을 이루고 있어. 정강뼈와 종아리뼈는 체중을 지탱하고 무릎관절의 안정성을 지키는 역할을 해. 정강뼈와 종아리뼈 아래로는 발목뼈와 발허리뼈, 발가락뼈가 이어져 있어.

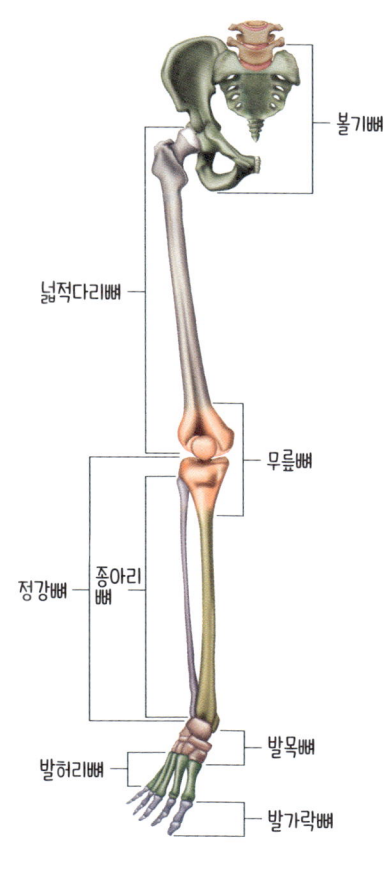

앞에서 바라본 다리뼈

치아도 뼈일까?

　단단하기로는 뼈에 전혀 뒤지지 않고 생김새도 비슷한 이 치아는 뼈일까, 아닐까? 답은 '아니요'야. 평생 자라고 새로운 조직으로 대체되는 뼈와는 달리, 이는 일단 한번 자라면 그것으로 끝이지. 뼈는 부러지면 다시 붙지만, 부러진 이의 끝에서 새로운 이가 나오지는 않잖아?

　이는 매우 강한 조직이야. 생선 뼈를 와드득 씹어먹거나 호두 껍데기를 이로 깨는 사람이 있을 정도로 매우 단단해. 이가 이렇게 단단한 이유는 칼슘이나 인 등의 무기질로 이루어져 있기 때문이야. 그리고 이의 표면을 이루는 **사기질**에나멜은 우리 몸에서 가장 단단한 조직으로 알려져 있어.

　이는 잇몸 밖으로 튀어나온 크라운과 잇몸 안에 틀어박힌 뿌리, 두 부분으로 나뉘어. 겉에서 보이는 하얀색의 사기질은 칫솔질할 때 닦는 부분이야. 사기질은 신경이 없어서 건드려도 아프지 않아. 사기질 바로 밑에는 **상아질**이 있는데 사기질보다는 부드럽지. 상아질의 바로 아래쪽으로는 신경과 혈관이 지나기 때문에 건드리면 아파. 치과에서 신경 치료할 때 건드리는 부분이 바로 상아질이야. 신경을 건드리

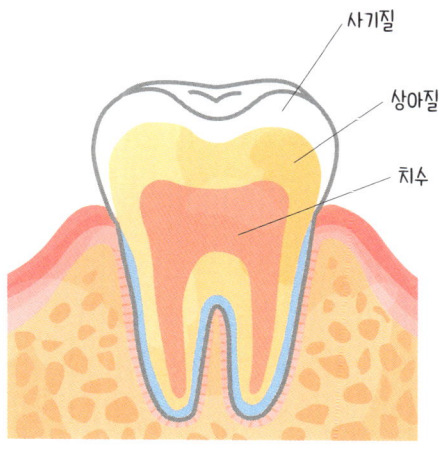

치아의 구조

게 되니 아플 수밖에 없지.

 서양에는 "선물로 받은 말의 입안을 들여다보지 말라."는 속담이 있어. 무슨 뜻일까? 미국에서는 예전에 말을 선물로 주고받았어. 다른 사람이 준 선물이 얼마짜리인지 물어보는 건 예의에 어긋나겠지? 아무리 단단한 이도 오래 쓰면 닳기 마련이니, 말 이빨의 마모 정도를 보면 그 말이 몇 살인지 대강 짐작할 수 있었어. 말의 입안을 들여다본다는 건 결국 그 말의 가격을 알려고 하는 행등이나 마찬가지였던 셈이야.

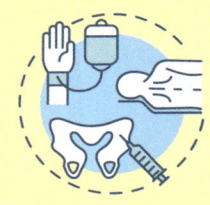

알아두면 힘이 되는 의학 용어 정리

뼈대	우리 몸의 골격을 이루는 뼈를 통틀어 일컫는 말.
척추옆굽음증	앞에서 보았을 때 정상적으로 일직선이어야 할 척추가 옆으로 휘어 S자형이나 C자형으로 변형되는 질환.
갈비뼈	가슴을 둘러싸고 있는 24개의 뼈로, 폐나 심장 등 내부 장기를 보호하는 역할을 함.
골반	몸통과 하지를 연결하고 배 속 장기를 보호하는 역할을 하는 복부 하단의 구조물. 2개의 엉덩뼈, 엉치뼈(천골), 꼬리뼈(미골)로 구성됨.
자뼈	팔꿈치 아래에서 새끼손가락 쪽으로 손목까지 이어진 긴뼈.
노뼈	팔꿈치 아래에서 엄지손가락 쪽으로 손목까지 이어진 긴뼈.
넓적다리뼈	골반과 무릎 사이에 있는 긴뼈.
정강뼈	무릎 아래에서 엄지발가락 쪽으로 발목까지 이어진 긴뼈.

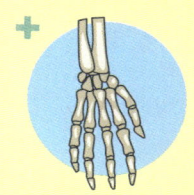

종아리뼈 무릎 아래에서 새끼발가락 쪽으로 발목까지 이어진 긴뼈.

사기질 이의 가장 바깥쪽 층으로, 몸에서 가장 단단한 조직. 이를 보호하고 모양을 유지하는 역할을 함.

상아질 이의 안쪽 부분을 구성하는 단단한 조직. 이의 색깔과 강도를 결정하는 역할을 함.

뼈의 양쪽 끝부분에는 뼈의 길이 성장을 담당하는 성장판이 있어. 성장호르몬의 영향을 받아 성장판이 자라면서 뼈가 커지고 키가 자라는 거야. 성장판의 연골조직에서 새로운 세포가 만들어지고, 뼈로 바뀌어 위아래로 점차 길어지는 거지.

2
뼈는 살아 있다!

　뼈는 겉에서는 보이지 않기 때문에 평소 뼈에 대해 깊이 생각하고 사는 사람은 별로 없는 것 같아. 우리가 뼈의 존재를 가장 확실하게 느낄 때는 바로 골절을 당했을 때가 아닐까? 뼈가 부러지는 골절은 넘어지거나 교통사고, 운동 중 부상 등 외부에서 강력한 힘이 뼈에 가해졌을 때 발생할 수 있어. 뼈가 부러지면 병원에서는 보통 깁스를 해 주고 한두 달 정도 기다리라고 해. 그렇게 기다리면 뼈는 어느새 신기하게도 붙게 되지. 그냥 두어도 뼈가 저절로 붙는다는 건 뼈가 살아 있다는 가장 확실한 증거일 거야.

　그렇다면 뼈 안에서는 어떤 일이 벌어진 걸까? 그걸 알려면 우선 뼈의 구조부터 살펴보아야 해.

뼈의 구조: 치밀뼈와 해면뼈

　뼈의 구조를 제대로 보려면 뼈를 잘라서 단면을 보면 돼.

 우리 몸에서 가장 길고 큰 넓적다리뼈를 한번 잘라 보자.
 뼈의 맨 바깥에는 뼈막이 피부처럼 감싸고 있어. 뼈막에는 혈관과 신경이 있어서 뼈에 영양을 주고, 뼈가 다쳤을 때 아픔을 느끼게 하지. 뼈막 바로 아래에 있는 뼈는 **치밀뼈**라고 하는데, 틈이 없고 매우 단단해. 무릎과 발목 사이 안쪽에 있는 평평한 뼈인 정강뼈를 만져 봐. 엄청 딱딱하지? 치밀뼈는 웬만한 힘으로는 부러뜨릴 수 없을 정도로 튼튼해.

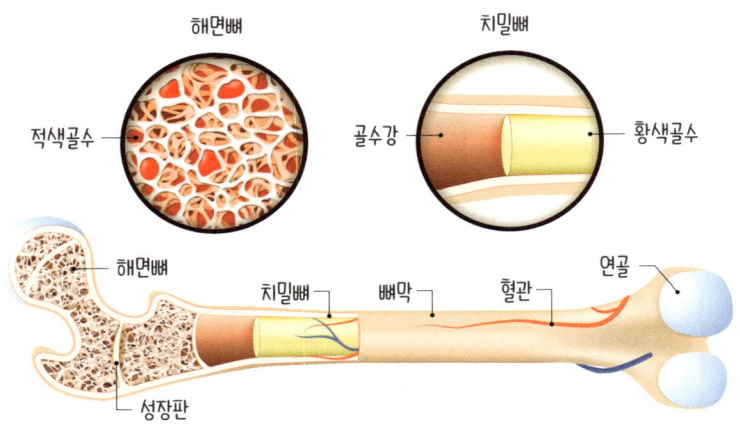

뼈의 단면: 치밀뼈와 해면뼈

사람 힘으로는 어림도 없고 교통사고 같은 큰 충격이 있어야 부러질 수 있어.

치밀뼈 바로 안쪽에는 스펀지같이 얼기설기 얽힌 모양의 **해면뼈**가 있어. 구멍이 많이 나 있어서 가볍지만, 벌집처럼 생겨서 단단해. 해면뼈는 운동화 밑창에 든 쿠션처럼 걷거나 뛸 때 몸에 가해지는 충격을 흡수하는 역할을 하지. 해면뼈 안쪽에는 **골수**가 들어 있는 '골수강'이라는 공간이 있어서 넓적다리뼈처럼 큰뼈의 무게를 줄여 주지. 이곳에서는 적혈구, 백혈구, 혈소판과 같은 혈액 세포를 만들어.

부러진 뼈는 어떻게 붙을까?

학교에서 친구들과 농구를 하다가 넘어지면서 손바닥으로 땅을 짚어 손목뼈가 부러졌다고 해 보자. 다행히 부러진 부분이 어긋나지는 않아서 수술할 필요가 없을 때는 깁스를 사용해서 고정하게 돼. 부러진 부위를 최대한 움직이지 않아야 빨리 낫고 주위의 다른 부위가 손상되는 것도 막을 수 있거든.

'깁스'는 독일어로 '석고'라는 뜻이야. 석고는 물을 가하면 빠르게 굳잖아? 깁스에 사용하는 붕대가 석고 붕대야. 요즘은 무거운 석고 붕대 대신 유리 붕대나 폴리에스터로 만든 합성 붕대를 사용하고 있어. 깁스를 하고 나면 이제 기다리는 일만 남았어. 제대로 씻지도 못하고 움직이지도 못하니 몹시 답답하지만, 제대로 치료하자면 어쩔 수 없지. 이때 뼈 안에서는 어떤 일이 일어나는 걸까?

뼈가 부러지면 뼈 사이에 있는 혈관이 손상되면서 피가 차고 고이게 돼. 고인 혈액은 부러진 뼈를 보호하고 뼈세포가 증식하는 것을 촉진하는 역할을 하지. 그다음은 **파골세포**가 출동해서 오래된 뼈나 죽은 뼈를 먹어 치워야 해. 그리고 나면 새로운 뼈가 만들어질 차례야. 이 역할을 하는 세포를 **조골세포**라고 부르지. 조골세포는 새롭고 부드러운 풋뼈⁽유골⁾를 만들어. 풋뼈는 아직 진짜 뼈는 아니야. 만들어진 풋뼈는 시간이 지나면서 점점 딱딱해져 뼈로 변하고 골절된 부위와 결합해.

이렇게 파골세포는 손상되어 필요 없는 세포를 없애고 조골세포는 새로운 세포를 계속 만들면서 원래 뼈 모양으로 회복되는 거야. 이 모든 과정이 끝나려면 3~4개월 정도의 시간이 필요해.

우리는 매일 걷고 뛰고 움직이기 때문에, 뼈에는 계속 충

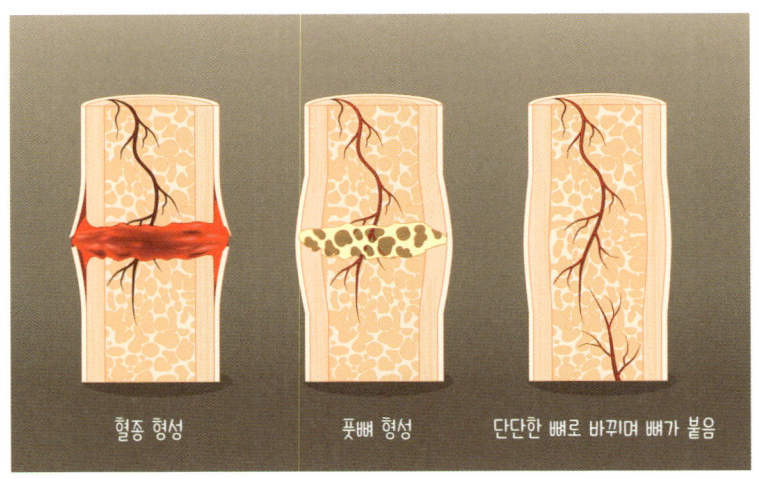

부러진 뼈가 붙는 과정

격이 가해지지. 뼈는 끊임없이 손상을 입고 미세한 금이 가는 셈이야. 오래된 뼈를 없애고 새로운 세포로 대체하는 과정은 뼈가 부러졌을 때뿐만 아니라 수시로 우리 몸에서 일어나고 있어. 이 과정을 뼈의 재형성 리모델링이라고 불러.

뼈가 자라는 과정

아기의 뼈는 대부분 휘기 쉬운 물렁물렁한 **연골**물렁뼈로 되어 있어. 갓난아기가 머리를 가누지 못하고, 몸이 흐늘흐늘 부드러운 이유가 바로 이 때문이야. 아기의 연골은 자라면서 서로 합쳐지고 단단해져. 갓난아기 때 300개 이상이던 뼈는 성인이 되면 206개 정도로 줄어들지.

아기 뼈는 임신 3개월부터 자라기 시작하는데, 처음에는 모두 연골인 상태야. 조골세포는 임신 7개월부터 칼슘과 인 같은 무기질을 이용해 연골을 뼈로 바꾸는데, 이것을 **골화**라고 해. 태어날 때가 가까워오면 기본적인 뼈의 모양이 만들어지지만, 완전히 굳은 상태는 아니야.

태어난 후부터 사춘기까지는 뼈가 길어지고 굵어지는, 뼈 성장이 활발한 시기야. 뼈 성장은 뼈를 만드는 세포인 조골

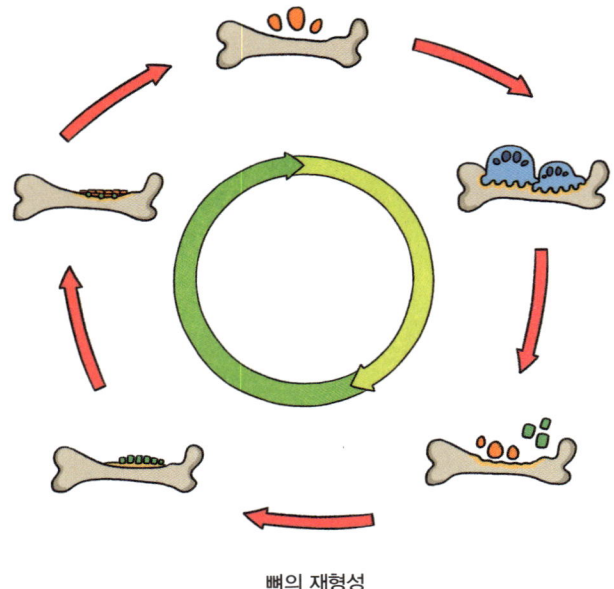

뼈의 재형성

세포와 뼈를 파괴하는 파골세포의 상호작용으로 일어나지. 조골세포가 끊임없이 새로운 뼈를 만들고, 파골세포는 오래되어 필요 없어진 뼈를 파괴하는 거야. 파골세포가 없애 버린 뼈의 자리에 조골세포가 들어와 새로운 뼈를 만들면서 뼈는 길이가 길어지고 굵어지게 돼.

  어렸을 때는 조골세포의 힘이 파골세포보다 더 세기 때문에 뼈는 계속해서 자라고 굵어져. 사춘기까지는 뼈 성장이 급격히 진행되어 성인의 키와 거의 비슷하게 돼.

뼈의 양쪽 끝부분에는 뼈의 길이 성장을 담당하는 '성장판'이 있어. 성장호르몬의 영향을 받아 성장판이 자라면서 뼈가 커지고 키가 자라는 거야. 성장판의 연골조직에서 새로운 세포가 만들어지고, 뼈로 바뀌어 위아래로 점차 길어지는 거지. 키와 관련 있는 성장판은 보통 다리뼈에 있는데 16~22살이 되면 닫혀. 성장판이 닫혔다는 것은 키가 더는 자라지 않는다는 말이야.

아기 머리에는 왜 말랑한 부분이 있을까?

태어난 지 얼마 안 된 아기 머리를 만져본 적 있어? 머리 앞부분 중앙에 말랑말랑한 막 같은 게 만져질 거야. 가만히 보고 있으면 숨을 쉬는 것처럼 팔딱팔딱 뛰는 걸 볼 수 있기도 해. 바로 숨구멍천문 또는 숫구멍이야. 하지만 실제로 이 구멍으로 숨을 쉬는 건 아니야. 숨구멍은 아기의 머리뼈가 아직 뼈로 변하지 않은 부분이지.

숨구멍은 아기가 태어날 때 뇌를 보호하는 역할을 해. 아기는 어머니의 자궁을 빠져나와 좁은 산도를 지날 때 큰 압력을 받아 머리가 눌리거든. 하지만 숨구멍 덕분에 머리뼈

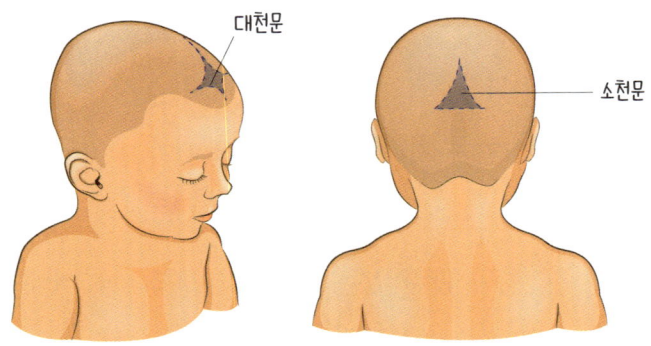

아기 머리의 숨구멍

가 움직이고 포개지면서 뇌에 손상을 주지 않고 아기 머리가 쉽게 빠져나올 수 있어.

그리고 아기의 뇌는 태어난 후에도 계속해서 활발히 자라야 하는데 만약 어른처럼 머리뼈가 완전히 붙어 있다면 뇌가 커지는 건 불가능할 거야. 유연한 숨구멍 덕분에 뇌가 자랄 수 있는 거지.

숨구멍은 모두 6개인데, 머리 앞부분에 있는 다이아몬드 모양의 숨구멍이 가장 커서 '대천문'이라고 부르고, 뒤통수 근처 작은 삼각형 모양의 숨구멍은 '소천문'이라고 해. 아기 머리가 자라면서 숨구멍의 크기는 점차 작아지고 보통 18개월에서 26개월이 지나면 모두 닫혀 사라지지.

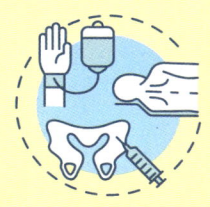

알아두면 힘이 되는 의학 용어 정리

치밀뼈	뼈의 겉 부분을 구성하는 단단하고 치밀한 조직으로 뼈의 강도를 지키는 역할을 함.
해면뼈	치밀뼈 안쪽의 스펀지같이 생긴 구멍이 많은 조직으로, 안쪽에 골수가 들어 있음.
골수	뼈의 안쪽 공간에 위치하는 조직으로, 혈액 세포를 만들고 면역 기능 유지에 중요한 역할을 함.
파골세포	오래된 뼈를 파괴하고 제거하는 데 관여하는 세포.
조골세포	뼈를 만들고 유지하는 데 관여하는 세포.
연골	관절을 보호하고 뼈와 뼈 사이의 마찰을 줄여 주는 역할을 하는 단단하지만 부드러운 조직.
골화	뼈가 만들어지는 과정.

뼈는 그 사람이 생전에 앓았던 질병도 알려 줄 수 있어. 송현이는 뒤통수뼈에서 구멍이 많이 발견되었는데 이것은 빈혈을 앓았던 흔적이야. 그리고 나병에 걸렸던 사람은 코 부분의 뼈가 움푹 들어가고, 결핵이나 매독 등을 앓아도 뼈에 흔적을 남기지.

3
뼈가 전해 주는 이야기

뼈는 지구상에서 가장 오래가는 물질 중의 하나야. 쇠나 바위는 녹슬고 비바람에 부서져 없어지지만, 사람의 뼈는 오랫동안 썩지 않고 남아 있거든. 1977년 평양시 역포구역 대현동 동굴에서 발견된 소녀의 머리뼈는 무려 10만 년이나 됐다고 해.

뼈는 과거로 가는 타임머신

경상남도 창녕군 창녕읍 송현동 고분군에서는 2007년 머리부터 발끝까지 온전하게 보존된 여성의 유골이 발견됐어. '순장 소녀 송현이'라고 불리는 여성은 1,500년 전 가야 시대에 살았던 시녀였어. 주인이 죽으면서 같이 무덤에 묻혔던 거야. 당시에는 왕이나 귀족이 죽어 매장될 때 그 사람을 모시던 시녀 등을 함께 죽여 묻는 풍습이 있었거든. 이것을 '순장'이라고 해.

순장 소녀 송현이를 복원한 모습

이 모든 사실은 어떻게 알 수 있었을까? 바로 뼈를 통해서야.

먼저 여자였다는 것은 골반의 형태를 보고 알 수 있어. 여자는 남자보다 골반이 더 평평하고 넓거든. 여자는 아기를 낳기 쉽게 골반 중앙의 구멍이 남자보다 더 크고 둥글어. 송현이는 출산 경험이 없는 여자의 골반 형쾌를 하고 있었지.

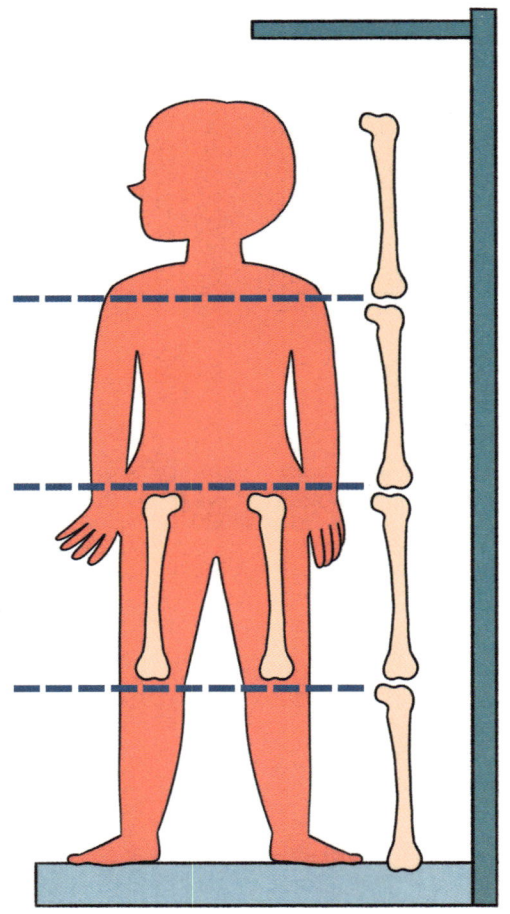

그 외에 여자의 뼈는 남자의 뼈보다 가볍고 작아. 가슴뼈는 여자가 남자보다 더 넓지만 길이는 짧지. 여자는 남자와 비교했을 때 머리뼈는 선이 더 부드럽고, 손목뼈는 더 가늘고, 턱뼈는 더 작아.

나이는 어떻게 알았을까? 송현이는 다리뼈의 성장판이 닫히지 않은 흔적이 있었어. 발달 상태를 종합하면 죽을 당시 16살 정도였을 거야. 치과 분석을 보면 아직 나지 않은 사랑니도 있었다고 하니까.

키는 넓적다리뼈의 길이로 알 수 있어. 넓적다리뼈는 사람 키의 1/4 정도 되거든. 넓적다리뼈의 길이에 4를 곱하면 그 사람의 키가 되는 거야. 송현이의 키는 약 153cm였을 거라고 해.

직업이 시녀였다는 것은 송현이의 다리뼈 상태를 보고 추정할 수 있었어. 나이에 비해 정강뼈와 양쪽 종아리뼈의 변형이 심했는데, 이것은 급격한 운동을 반복할 때 생기는 증상이었지. 무릎을 자주 꿇는 행동을 하는 사람에게 나타나는 형태였던 거야. 이처럼 특정 부위를 닳이 사용하는 사람은 그 부위의 뼈가 발달되어 있어. 야구 선수나 승마 선수처럼 말이야.

뼈는 그 사람이 생전에 앓았던 질병도 알려 줄 수 있어. 송현이는 뒤통수뼈에서 구멍이 많이 발견되었는데 이것은 **빈혈**을 앓았던 흔적이야. 그리고 **나병**에 걸렸던 사람은 코 부분의 뼈가 움푹 들어가고, **결핵**이나 **매독** 등을 앓아도 뼈에 흔적을 남기지.

이처럼 뼈는 그 사람이 어떤 삶을 살았는지를 비춰 주는 거울이라고 할 수 있어. 어떤 일을 했는지도 알 수 있고, 어떤 음식을 먹었는지도 알 수 있지. 어떤 시대에 살았던 사람의 뼈를 분석하면 당시 사람들의 남자와 여자 비율, 나이, 평균 수명 등도 알 수 있다고 하니, 뼈는 과거로 여행을 떠나는 타임머신인 셈이야.

클레오파트라와 가야 소녀의 얼굴이 되살아난 비밀

고대 이집트의 여왕이었던 클레오파트라기원전 69~30는 역사를 바꿀 만큼 미모가 뛰어났다고 알려진 여인이야. 하지만 영국 뉴캐슬대학이 2007년 발표한 연구에 따르면, 클레오파트라는 소문만큼 뛰어난 미녀는 아니었다고 해. 클레오파트라는 이마가 좁고, 턱은 뾰족하고, 입술은 얇고, 코는

날카로워서 현대적인 미인의 기준과는 거리가 있다는 거야. 옛날 옛적에 죽어 역사 속으로 사라진 인물의 얼굴을 어떻게 알 수 있는 걸까?

얼굴 모습을 복원할 때 가장 중요한 단서로 사용하는 것은 얼굴뼈라고 해. 얼굴뼈에 살을 하나하나 붙여가면서 얼굴의 윤곽을 잡아가는 거지. 우리나라 사람들은 대부분 얼굴의 길이가 짧고 폭은 넓은 특징이 있어. 물론 그렇지 않은 사람들도 있기는 하지만 말이야.

아시아인과 서양인의 얼굴뼈 중 가장 다른 곳은 **광대뼈**지. 미국 테네시대학의 법의인류학자 빌 배스는 자신이 쓴 《사람의 뼈》에서, 아시아인의 광대뼈가 백인과 비교하면 옆으로 더 튀어나와 있다고 밝혔어. 이런 특징을 이용해 그는 광대뼈를 인종 구분에 사용했어.

유해 신원 확인에 쓰이는 몸속의 지문, 빗장뼈

1950년 북한군의 남침으로 일어난 6.25전쟁에는 미국을 비롯한 유엔군도 참전했어. 당시 7천 여 명이 넘는 미군이 전쟁 중 실종되어 가족의 품으로 돌아가지 못했지.

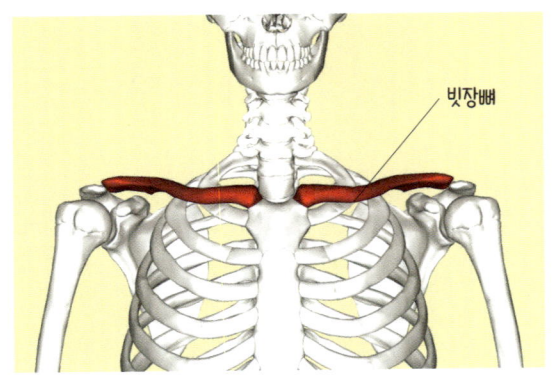

몸속의 지문, 빗장뼈

    2018년 7월 27일, 6.25전쟁에 참전했다가 숨진 미군의 유해 55구가 북한에서 마침내 송환되었어. 죽은 지 이미 65년이나 지난 이들이 누구였는지 어떻게 알 수 있었던 걸까? 이들을 애타게 기다리는 가족의 품으로 돌아가게 한 방법은 무엇이었을까?

    여기에서 중요한 역할을 한 것은 몸속의 지문으로 알려진 빗장뼈쇄골야. 빗장뼈는 가슴 앞쪽에서 양쪽 어깨에 걸쳐 수평으로 나 있는 뼈지. 몸통과 어깨뼈를 연결해 지지하는 역할을 해.

    빗장뼈가 몸속의 지문으로 불리는 이유는 평생 밀도나 모양이 그대로 유지되고, 사람마다 분명한 특징을 가지고 있기 때문이야. 가슴 엑스레이 사진을 비교해서 빗장뼈의 형태가 딱 들어맞는다면 사흘 만에도 신원 확인이 가능해. 그 외에 목걸이 인식표, 치과 진료 기록, DNA 검사 등을 이용하기도 하지.

경고를 의미하는 해골 표시

해적선의 깃발에는 흔히 엇갈려 있는 뼈 위에 해골이 그려져 있는 것을 볼 수 있어. 왜 해적들은 해골 그림을 사용했을까?

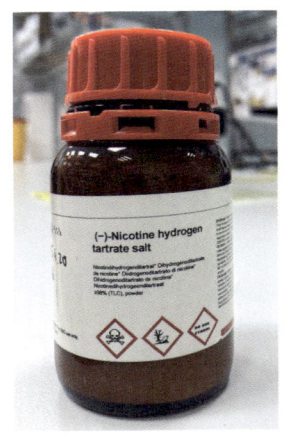
위험 약물에 사용되는 해골 표시

사람들은 아주 오래전부터 겁을 주거나 경계심을 불러일으키고자 할 때 해골 그림을 사용했어. 이처럼 해골은 죽음이나 공포의 상징으로 여겨지기도 하고, 주의나 경고를 표시하기도 하지. 해적들은 해골 깃발을 달아 적들에게 공포심을 불러일으키려고 했던 거야.

독극물이 들어 있는 병에서도 해적선 깃발과 비슷한 해골 표시를 볼 수 있어. 이처럼 해골 표시는 주의나 금지를 나타내. 만약 경고를 어기면 죽을 수도 있다는 무시무시한 뜻이 담겨 있는 거야.

예술 작품 속의 뼈

뼈를 주제로 그린 예술 작품들은 아주 많아. 예술에서 뼈는 죽음, 부패 그리고 자연의 순환을 상징하는 이미지로 오랜 시간 사용됐거든.

오스트리아의 화가 구스타프 클림트의 〈죽음과 삶〉은 해

구스타프 클림트의 〈죽음과 삶〉

골이 그려진 유명한 작품이야. 클림트는 이 작품에서 죽음과 삶이 교차하는 모습을 묘사하고자 했지. 뼈는 죽음을 상징하는 이미지로 사용됐어. 해골은 미소를 지으며 사람들이 편안하게 부둥켜 안고 있는 모습을 바라보고 있지. 마치 죽음의 운명은 누구도 피할 수 없다고 말하고 있는 것 같아.

독일 화가인 한스 홀바인의 1526년 작품 〈죽음의 춤〉에는 교황, 황제, 왕, 추기경에서부터 어린아이까지 죽음의 상

한스 홀바인의 〈죽음의 춤〉

징인 해골이 찾아오는 장면이 그려져 있어. 인간은 살아 있을 때의 지위와 상관없이 언젠가는 죽고, 죽음은 예고 없이 찾아온다는 것을 잘 보여 주고 있지.

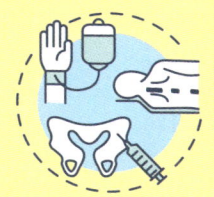

알아두면 힘이 되는 의학 용어 정리

+

빈혈	혈액 중 적혈구의 수나 혈색소의 양이 정상보다 적은 상태. 조직에 산소가 충분히 공급되지 않아 피로나 어지럼증 등 다양한 증상이 나타남.
나병	나균으로 인해 발생하는 감염병으로, 한센병이라고도 한다. 손발의 모양이 변형되고 감각이 둔해짐.
결핵	결핵균에 의해 발생하는 전염성 질환으로, 폐를 주로 침범해 기침이나 가래 등의 증상을 나타냄. 신장, 뇌, 뼈 등에도 감염될 수 있음.
매독	매독균에 의해 발생하는 감염병. 성관계를 통해 전염되며 피부 발진과 뇌, 심장 신경에 문제를 일으킴.
광대뼈	머리뼈 중 하나로 얼굴의 볼 부분을 튀어나오게 만듦.

우리는 늘 움직여. 앉았다 일어나고, 걷고, 뛰고, 서고, 다시 앉고. 심지어 자는 동안에도 이리저리 몸을 뒤척이지. 이런 다양한 동작은 뼈의 움직임에 의해 이루어지는 거야. 아니 정확하게 말하면 관절을 통해, 또 근육의 수축과 이완으로 이루어진다고 할 수 있어.

4
뼈는 움직인다!

우리는 늘 움직여. 앉았다 일어나고, 걷고, 뛰고, 서고, 다시 앉고 심지어 자는 동안에도 이리저리 몸을 뒤척이지. 이런 다양한 동작은 뼈의 움직임에 의해 이루어지는 거야. 아니 정확하게 말하면 관절을 통해서 또 근육의 수축과 이완으로 이루어진다고 할 수 있어.

관절이 없다면 우리는 허수아비

'관절'은 뼈와 뼈가 만나 연결되는 부위를 말해. 관절이 없다면 우리는 뻣뻣한 허수아비나 마네킹처럼 몸을 마음대로 움직일 수 없을 거야. 관절이 있어서 우리는 머리를 끄덕일 수도 있고, 고개를 절레절레 저을 수도 있고, 팔을 빙빙 돌릴 수도 있고, 허리를 굽혀 손을 바닥에 닿게 할 수도 있지. 관절 덕분에 뼈끼리 서로 맞닿지 않고 자유롭고 부드럽게 몸을 움직일 수 있는 거야.

관절은 **인대**, **힘줄**, 연골, **활막**, **관절 주머니**, 연골 그리고 **근육** 등으로 이루어졌어. 인대는 뼈와 뼈를 연결해 뼈를 안정시키는 조직이야. 인대는 관절이 이상한 방향으로 움직이지 않게 하고, 관절에 가해지는 충격을 흡수해 관절을 보호하고 또 관절의 움직임을 제한해 관절의 손상을 방지하는 역할을 해.

반면에 힘줄은 근육과 뼈를 연결하는 매우 강하고 유연하지만, 수축성은 없는 조직이야. 근육이 수축해 힘을 만들면, 힘줄이 그 힘을 뼈에 전달해 관절이 움직이게 되는 거지. 관절 주머니는 관절을 감싸는 주머니를 말해. 활막에서는 윤활액을 분비해 뼈와 뼈 사이의 마찰을 줄여 주고 있어. 그리고 뼈의 끝에 있는 연골은 무게를 지탱하고 마찰을 줄이는 역할을 하지.

관절은 움직이는 모양에 따라 여러 가지로 나눌 수 있어. 문의 경첩처럼 앞뒤로만 움직일 수 있는 관절은 '경첩 관절'이라고 불러. 무릎과 팔꿈치의 관절이 경첩 관절이지. 경첩은 여닫이문을 문틀에 달아 문짝을 고정하는 철물이야.

팔뼈와 넓적다리뼈의 관절은 여러 방향으로 움직일 수 있도록 구멍과 공처럼 생긴 뼈로 이어져 있어. 이것을 '둥

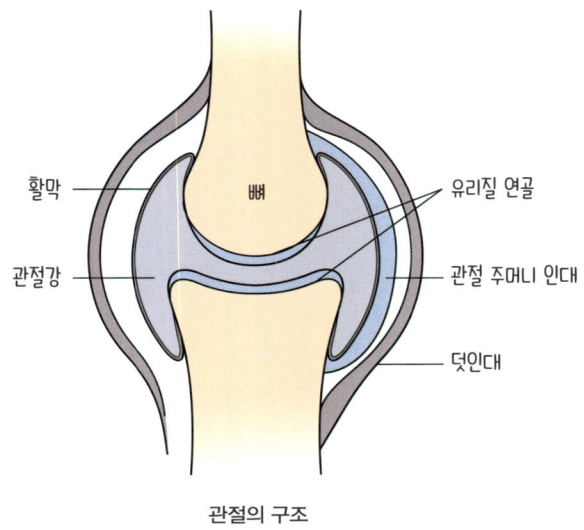

관절의 구조

근 관절'이라고 불러. 발목뼈의 관절은 좌우 방향이나 위아래 방향으로 미끄러지듯이 움직일 수 있는 '미끄럼 관절'이야. 그리고 엄지손가락 관절은 '안장 관절'이라고 하는데, 위쪽의 뼈가 마치 말의 안장 위에 앉아 있는 것 같아서 이름이 붙었지. 하지만 머리뼈는 톱니처럼 맞물려 연결되어 있어서 움직일 수 없는 관절이야.

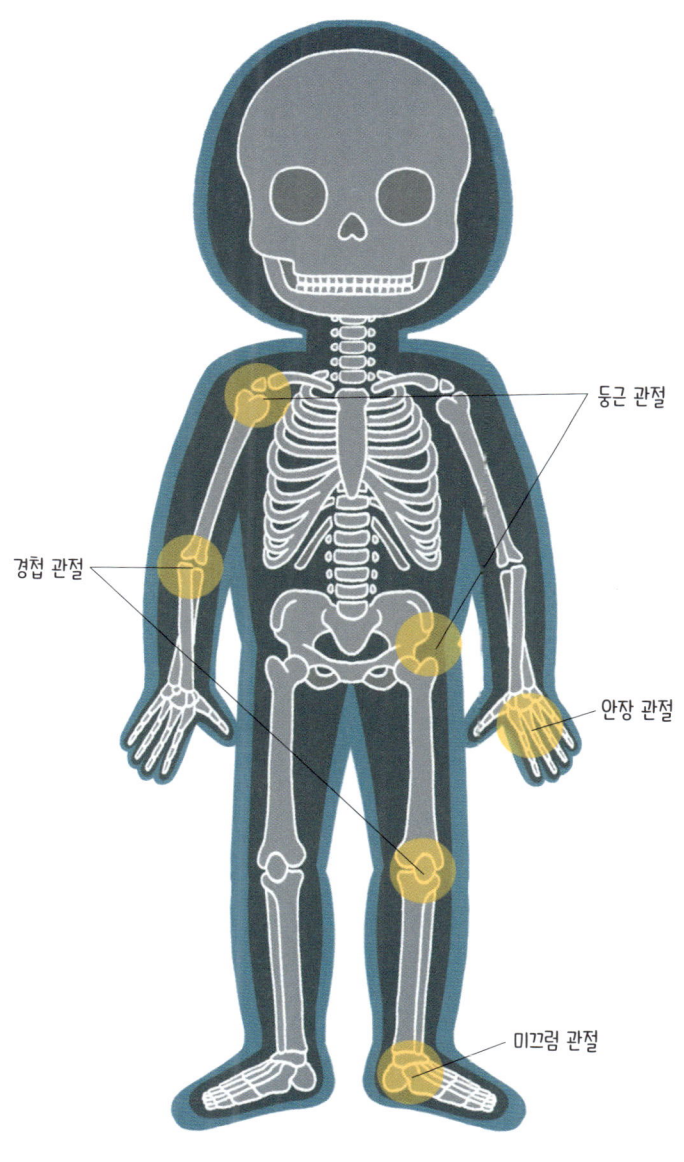

관절의 종류

연골에는 뼈가 있을까?

도가니탕 먹어본 적 있어? 여기서 '도가니'는 소 무릎 뒤 오목하게 들어간 부위를 말하는데, 연골이 많이 들어 있지. '연골'이라는 말에는 뼈를 뜻하는 '골'이 있으니, 이것도 뼈일까? 대답은 '아니요'야. 연골에는 뼈를 이루는 성분은 없어. 칼슘과 인으로 이루어져 단단한 뼈와 달리 연골은 주로 '콜라겐'으로 구성되어 있어서 부드럽고 탄력 있지.

상어나 가오리 같은 물고기는 뼈 대신에 가벼운 연골과 질긴 피부를 가지고 있는 연골어류야. 이빨을 제외하고 온몸이 연골인 거지. 연골은 무게가 가벼우므로 물속에서 빠른 속도로 헤엄치기에 매우 적합해. 몸통을 지탱해 줄 갈비뼈가 없는 상어는 물 밖에 나오면 자기 몸무게를 감당할 수가 없어.

연골을 만지고 싶으면 귀나 코를 만져 보면 돼. 뼈와는 다르게 말랑말랑하고 펼 수도 있고 잡아당길 수도 있지. 오래되면 없어지고 새로운 조직으로 대체되는 뼈와는 달리, 연골은 재생력이 좋지 않은 조직이야. 한 번 손상되면 회복이 매우 더디지.

축구 선수들이 훈련이나 경기 중 자주 입는 부상 중 하나는 '무릎 십자인대의 파열'이야. + 혹은 ×자 모양의 십자인대는 넓적다리뼈와 정강뼈를 연결하는 무릎 속에 있어. 십자인대가 끊어지면 주변의 연골도 같이 손상되는 경우가 많아. 인대나 연골이 다치는 경우는 뼈가 부러졌을 때보다 회복 속도가 아주 느려서 회복하는 데 시간이 오래 걸리지.

아기가 뒤뚱거리며 걷는 이유

사람과 다른 동물의 차이점은 무엇일까? 어떤 점이 사람을 사람답게 만들어 주는 걸까? 우선 사람은 다른 동물에 비해 매우 똑똑한 머리두뇌를 갖고 있어. 사람은 다양한 언어를 사용해 소통하고, 각종 도구를 자유자재로 사용하고, 불을 마음대로 다루지. 그리고 완전한 직립 보행을 한다는 것도 차이점에 들어가지 않을까? 물론 침팬지나 고릴라 등도 두 발로 서서 걸을 수 있지만 사람만큼 완벽한 직립 보행을 하지는 못하지.

곧게 서서 두 발로 걸으려면 중요한 것은 무엇일까? 침팬지와 사람의 다리뼈를 비교해 보자. 그림에서와 같이, 넓적다리뼈가 무릎으로 내려가는 정강뼈와 만나는 각도가 다른 것이 눈에 띌 거야. 이 각도가 직립 보행에 매우 중요해. 똑바로 선 침팬지의 넓적다리뼈와 정강뼈는 일자로 연결되어 있어. 반면에 사람은 넓적다리뼈가 몸 안쪽으로 비스듬히 내려가 정강뼈와 만나고 있지.

걸음마를 시작한 지 얼마 되지 않는 아기의 걸음걸이와 침팬지의 걸음걸이는 상당히 비슷해. 아기도 침팬지와 비슷하게 넓적다리뼈가 일직선으로 내려와 정강뼈와 만나거든. 아기가 어른처럼 똑바로 걷지 못하고 펭귄이나 침팬지처럼

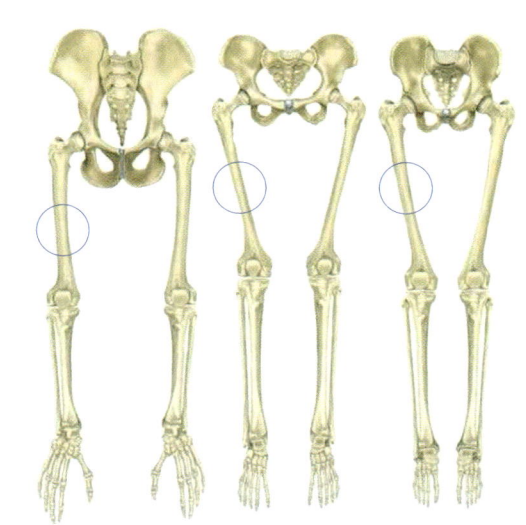

침팬지(왼쪽), 오스트랄로피테쿠스(가운데), 사람의 다리뼈 비교

69

뒤뚱뒤뚱 걸을 수밖에 없는 이유지. 이런 자세로 걸으면 무게 중심을 잡기가 어려워. 한 발을 떼었을 때 땅에 붙어 있는 다리에 중심을 완전히 실어야 하니까 뒤뚱거릴 수밖에 없는 거야. 아기는 자라면서 허벅지가 안쪽으로 비스듬하게 방향을 틀게 되고, 걸음걸이도 한결 자연스러워지지.

 학자들의 연구에 의하면, 인류의 조상은 생각보다 훨씬 오래전에 이미 직립 보행을 했다고 해. 1974년 아프리카 에티오피아에서 발견된 오스트랄로피테쿠스의 화석 '루시'는 320만 년 전에 살았던 사람의 아주 먼 조상이야. 침팬지보다 사람에 더 가까운 루시의 골반과 다리뼈는 루시가 분명히 두 다리로 곧게 걸었음을 알려 주고 있어.

움직임을 완성하는 근육

근육은 우리 몸을 움직이게 하는 일을 하는 조직이야. 움직임이 있는 곳에는 근육이 꼭 필요해. 근육에는 우리 마음대로 움직일 수 있는 **수의근**과 우리 의지와는 상관없이 자율적으로 움직이는 **불수의근**이 있어.

뼈에 붙어 있는 가로무늬 모양의 근육은 '골격근'이라고 불러. 골격근이 수축하고(줄어들고) 이완하면서(늘어나면서) 뼈가 움직이는 거야. 덕분에 우리는 원할 때 마음대로 움직일 수 있지.

반면에 심장 근육은 한시도 쉬지 않고 계속 수축과 이완

을 반복하고 있어. 심장이 너무 힘들 것 같다고 잠시 쉬라고 할 수는 없지. 쉬고 싶어도 쉴 수 없는 불수의근은 심장 외에도 위, 소장, 대장, 폐, 오줌보 등 우리의 생명 유지에 필요한 기관에 분포해 있어. 불수의근은 가로무늬가 있는 심장을 제외하고 모두 무늬가 없는 민무늬근^{평활근}이야.

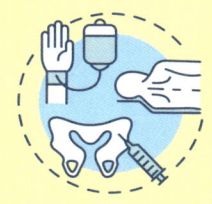

알아두면 힘이 되는 의학 용어 정리

인대	뼈와 뼈를 연결해 관절의 안정성을 지키는 탄력성 있는 조직.
힘줄	뼈와 근육을 연결해 근육의 힘을 뼈로 전달하는 단단한 조직.
활막	관절 주머니 안쪽에 있는 얇은 막으로, 윤활액을 분비해 관절의 움직임을 부드럽게 하고 마찰을 줄이는 역할을 함.
관절 주머니	관절을 감싸고 있는 주머니 모양의 구조물로, 관절을 보호하고 윤활액을 분비하는 역할을 함.
근육	몸의 움직임과 자세 유지 등의 기능을 하는 조직으로, 뼈에 붙어 있는 골격근, 심장을 구성하는 심근, 내장 기관을 구성하는 민무늬근^{평활근}으로 구분됨.
수의근	원하는 대로 수축과 이완을 조절할 수 있는 근육으로, 뼈에 붙어 움직임을 일으키는 골격근.
불수의근	수축과 이완을 스스로 조절할 수 없는 근육으로, 심근이나 민무늬근.

연구에 의하면, 게임에 빠진 청소년은 패스트푸드처럼 뼈에 좋지 않은 '초가공식품'을 많이 섭취할 가능성도 크다고 해. 초가공식품은 열량은 높지만, 칼슘이나 비타민 D 같은 영양소는 부족해서 뼈에 좋지 않은 영향을 미칠 수 있지.

5
뼈 건강은 어릴 때부터 챙겨야

골다공증이라는 질환 들어봤어? 이름 그대로 뼈에 구멍이 많은 증상이라는 뜻이야. 뼈의 구조에서 알아봤듯이 뼈는 조직이 빽빽하게 모여 있어서 딱딱한 치밀뼈와 스펀지처럼 그물 모양으로 얼기설기 얽혀 있는 해면뼈로 나뉘어. 골다공증은 바로 이 해면뼈 속의 구조가 더 성글어지는 거야. 그

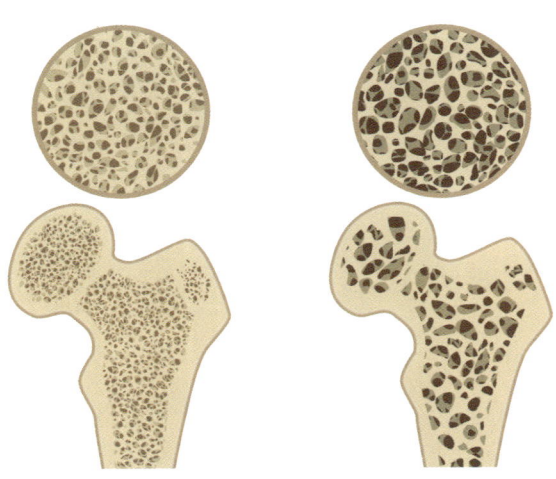

정상 뼈(왼쪽)와 골다공증이 생긴 뼈

러면 뼈는 약해지고 작은 충격에도 쉽게 부러지지.

골다공증은 나이가 들어가면서 많이 발생해. 골다공증을 예방하려면 어린 시절부터 충분한 영양 공급과 꾸준한 운동으로 뼈 건강을 잘 챙겨야 해.

뼈가 좋아하는 음식과 싫어하는 음식

뼈는 칼슘이나 인 같은 미네랄 그리고 콜라겐과 같은 단백질 성분으로 만들어져. 뼈를 견고하고 단단하게 유지하게 하는 것은 칼슘과 인이고, 유연하고 탄력 있게 만드는 것은 콜라겐이야. 그리고 비타민 D도 뼈 건강에서 중요한 역할을 해. 따라서 성장기에 뼈를 튼튼히 하려면 칼슘, 인, 비타민 D,

무기질, 단백질 등 모든 영양소를 편식하지 않고 충분히 고르게 먹어야 하지.

뼈 성장에 도움이 되는 음식은 칼슘이 많이 들어 있는 우유나 치즈 같은 유제품과, 멸치처럼 뼈째 먹는 생선, 고등어 같은 등푸른생선, 김 그리고 비타민 D가 풍부한 달걀노른자나 버터, 연어나 참치, 시금치와 당근 같은 녹황색 채소 등이야. 콩에는 칼슘이 많이 들어 있고, 견과류에는 칼슘은 물론이고 칼슘의 흡수를 도와주는 마그네슘도 많아서 뼈 건강에 좋은 음식이지.

하지만 카페인이 들어 있는 커피나 콜라, 초콜릿 등은 뼈가 싫어하는 음식이야. 카페인은 칼슘의 흡수를 방해하기 때문이지. 또 지나치게 달고 짠 음식도 뼈 건강에 좋지 않아. 칼슘 섭취를 방해하는 술과 뼈의 형성을 방해하는 담배도 뼈 건강에 해롭지.

뼈에 자극을 주는 운동

뼈가 한창 자랄 나이에 음식 못지않게 중요한 것이 꾸준한 운동이야. 운동은 성장판에 자극을 주어 뼈의 길이가 길어지도록 하거든. 특히 빠르게 걷기, 달리기, 점프, 스트레칭 등이 뼈 길이 성장에 효과적이야. 또 근력 운동은 뼈에 적절한 자극을 주어 뼈의 강도를 높이는 데 도움이 돼.

만약 성장기에 충분한 운동을 하지 않아 뼈에 자극이 가해지지 않으면 뼈가 잘 자라지 못하고 충분히 굵어지지도 않아. 그러다 보면 나중에 나이가 들었을 때 뼈가 금방 약해져 골절이 생길 가능성이 커지지.

자라는 고통, 성장통

뼈가 한창 자라는 시기인 3~12살의 아이들은 자다가 갑자기 다리가 아파서 깨기도 해. 낮에는 괜찮지만, 밤만 되면 무릎이나 허벅지, 종아리, 발목 등이 아픈 게 특징이지. 이게 바로 **성장통**이야.

성장통의 정확한 원인은 아직 밝혀지지 않았지만, 아마도 뼈가 자라는 속도를 근육이나 힘줄이 미처 따라가지 못해 생기는 것으로 생각하고 있어. 그리고 뼈를 싸고 있는 골막이 늘어나면서 신경을 자극해 통증이 생기기도 하지.

성장통은 특별한 치료 없이도 시간이 지나면 저절로 낫게 돼. 만약 성장통이 너무 심하다면 낮에 심한 운동은 하지 않는 게 좋아. 잠들기 전 가벼운 스트레칭을 하거나 따뜻한 찜질을 하는 것도 통증을 줄이는 데 도움이 되지. 그리고 성장에 필요한 필수 영양소를 충분히 섭취하는 것도 잊지 말아야 해.

뼈는 일광욕이 필요해

뼈가 한창 자라는 성장기에 친구들과 밖에서 마음껏 뛰어놀지 못하고 책상에 앉아 공부만 한다면 운동 부족은 물론이고 비타민 D가 부족해질 수 있어. 비타민 D는 음식을 통해 얻거나 충분한 햇볕을 쬐어야만 만들어지거든. 피부에 있는 비타민 D를 합성하는 효소는 자외선에 의해 활성화되기 때문이야. 하루 20~30분 정도만 햇볕을 쬐면 비타민 D를 만들기에 충분해.

또 칼슘을 소장에서 제대로 흡수하려면 꼭 필요한 것도 비타민 D야. 아무리 칼슘이 풍부한 음식을 많이 먹어도 비타민 D가 없다면 칼슘은 흡수되지 않거든. 당연히 칼슘은 부족해지고 뼈에 문제가 생기겠지.

만약 비타민 D가 심각하게 부족하면 **구루병**이 생길 수도 있어. 구루병은 뼈의 석회화가 잘 안 되어 뼈의 성장과 발달에 지장을 가져오는 질병이야. 여기서 '석회화'란 뼈에 칼슘이 축적되는 것을 말해. 칼슘이 부족하니 뼈는 약해지지. 때로는 뼈의 변형으로 다리가 O자형이나 X자형으로 휘어지고 가슴뼈가 앞으로 튀어나오기도 해.

스마트폰과 뼈 건강

　스마트폰, 태블릿 컴퓨터, 텔레비전 등 전자기기를 너무 많이 사용하면 뼈 건강에 나쁜 영향을 미칠 수 있어. 방에 틀어박혀 유튜브 영상이나 게임에 빠지면 자연스럽게 밖에서 뛰어놀거나 운동할 시간이 줄어들 거야.
　뼈를 단련할 시간이 없으니 뼈가 튼튼하게 자라기 어렵지. 실제로 스크린 앞에서 오랜 시간을 보낸 청소년의 뼈 밀도는 현저히 낮은 것으로 조사됐거든.

연구에 의하면, 게임에 빠진 청소년은 패스트푸드처럼 뼈에 좋지 않은 '초가공식품'을 많이 섭취할 가능성도 크다고 해. 초가공식품은 열량은 높지만, 칼슘이나 비타민 D 같은 영양소는 부족해서 뼈에 좋지 않은 영향을 미칠 수 있지.

　스마트폰을 사용하면 목을 숙이고 어깨를 움츠리는 '거북목 자세'를 취하기 쉬워. 이렇게 바르지 않은 자세는 목과 어깨의 근육을 긴장시키고, 혈액 순환을 방해해 통증을 일으킬 수 있지.

고개가 1cm씩 앞으로 내려올 때마다 목뼈와 근육이 지탱하는 무게는 2~3kg씩 늘어나거든. 만약 고개를 10cm 정도 숙인다면 약 20kg의 무게를 목뼈와 주변 근육이 감당해야 하는 거니까 엄청난 부담이 되지. 게다가 지나친 스마트폰 사용은 앞에서 살펴본 척추옆굽음증을 일으킬 수도 있어.

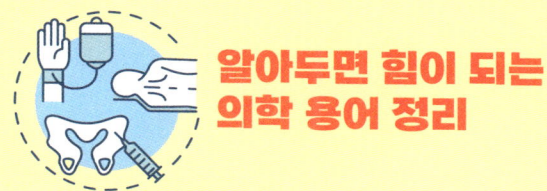

알아두면 힘이 되는 의학 용어 정리

골다공증 뼈의 밀도가 줄어들어 뼈가 약해지는 질환으로, 골절의 위험이 큼.

성장통 성장이 활발한 3~12살 사이의 어린이에게서 흔히 나타나는, 특별한 원인이 없는 다리 통증.

구루병 비타민 D의 결핍으로 뼈의 성장과 발달에 장애가 생기는 질환. 뼈가 변형되고 근육이 약해져 걸음걸이가 불안정해짐.

세상에는 척추동물이 많을까, 무척추동물이 많을까? 사실 이건 게임도 안 돼. 세상에 존재하는 모든 동물의 95% 이상은 무척추동물이거든. 따지고 보면 지구를 지배하는 건 사람이 아니라 곤충이나 거미 같은 무척추동물일지도 몰라.

뼈만 보면 이웃사촌

6

곤충은 대부분 크기가 매우 작아. 세상에서 가장 큰 곤충으로 알려진 헤라클레스 장수풍뎅이도 몸길이가 10~18cm에 불과하지. 곤충 대부분은 아무리 커도 사람 손바닥보다 작아. 그 이유는 바로 몸을 지탱해 주는 뼈가 없기 때문이야. 곤충은 크고 무거운 뼈 대신 가볍고도 강한 '키틴'으로 몸을 지탱하고 있어. 이렇게 곤충처럼 뼈가 없는 동물을 **무척추동물**이라고 불러.

헤라클레스 장수풍뎅이

사람은 뼈대 있는 척추동물

사람, 악어, 도마뱀, 개구리, 새, 침팬지, 고양이, 개의 공통점은 뭘까? 바로 뼈대가 있는 **척추동물**이라는 거야. 우리가 주변에서 흔히 보는 동물이지. 그러면 세상에는 척추동물이 많을까, 무척추동물이 많을까? 사실 이건 게임도 안돼. 세상에 존재하는 모든 동물의 95% 이상은 무척추동물이거든. 따지고 보면 지구를 지배하는 건 사람이 아니라 곤충이나 거미 같은 무척추동물일지도 몰라.

척추동물은 모두 뼈가 있어. 각 동물의 뼈는 환경이나 쓰임새에 따라 달라졌지만, 모든 척추동물은 사람처럼 척추가 있고 머리뼈, 골반, 앞다리 뼈 그리고 뒷다리 뼈가 있지.

박쥐의 날개와 사람의 팔을 비교해 볼까? 구조는 기본적으로 같아. 위팔뼈, 아래팔뼈, 손목, 손 등으로 구성되어 있지. 하지만 사람의 팔과 박쥐의 날개는 쓰임새가 아주 달라. 박쥐 날개는 주로 날아다니는 데 사용할 목적으로 뼈의 형태나 구조가 변화한 거야.

돌고래의 앞발도 마찬가지야. 사람의 팔과 구조는 비슷하지만, 돌고래의 앞발은 물고기의 지느러미처럼 발달해서 바

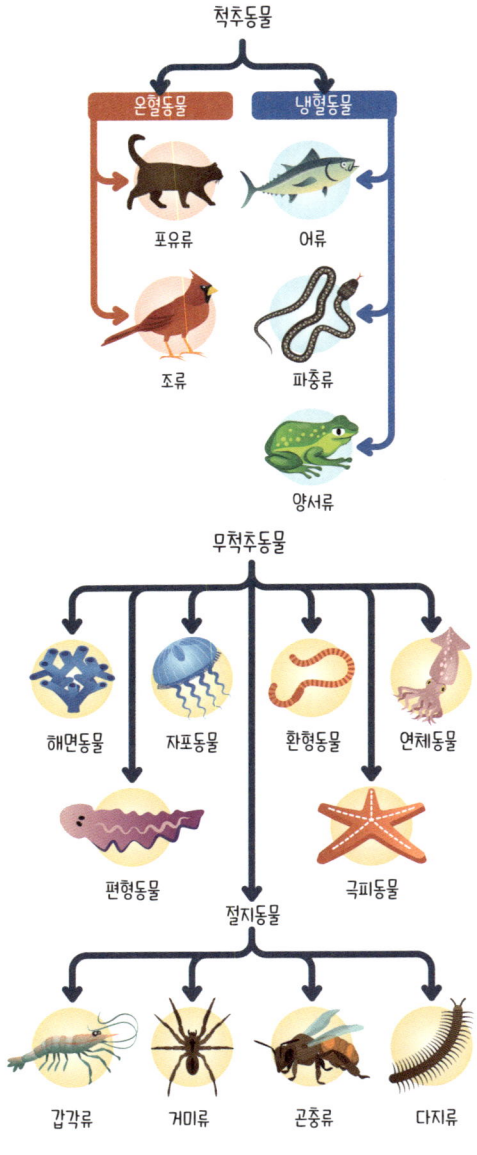

척추동물과 무척추동물

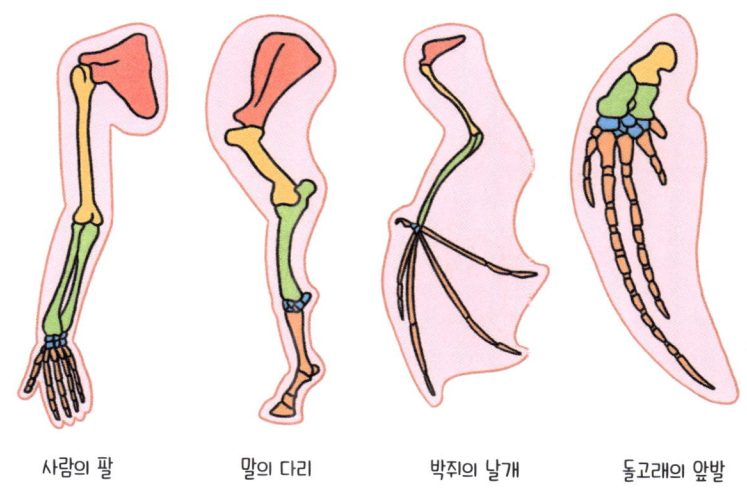

사람의 팔   말의 다리   박쥐의 날개   돌고래의 앞발

닷속에서 헤엄치기에 알맞은 형태가 되었어.

목이 긴 동물로 유명한 기린은 키가 5m 정도로 커. 하지만 생쥐는 커봐야 5cm 정도에 불과하지. 그러면 기린과 생쥐의 목뼈는 누가 더 많을까? 답은 모두 7개로 '같다'야. 사람도 마찬가지지. 물론 뼈의 모양이나 길이는 다르지만 개수는 같아.

뼈가 몸 밖에 있다고?

어떤 동물은 뼈_{정확히는 뼈 역할을 하는}를 몸 안이 아닌 몸 밖

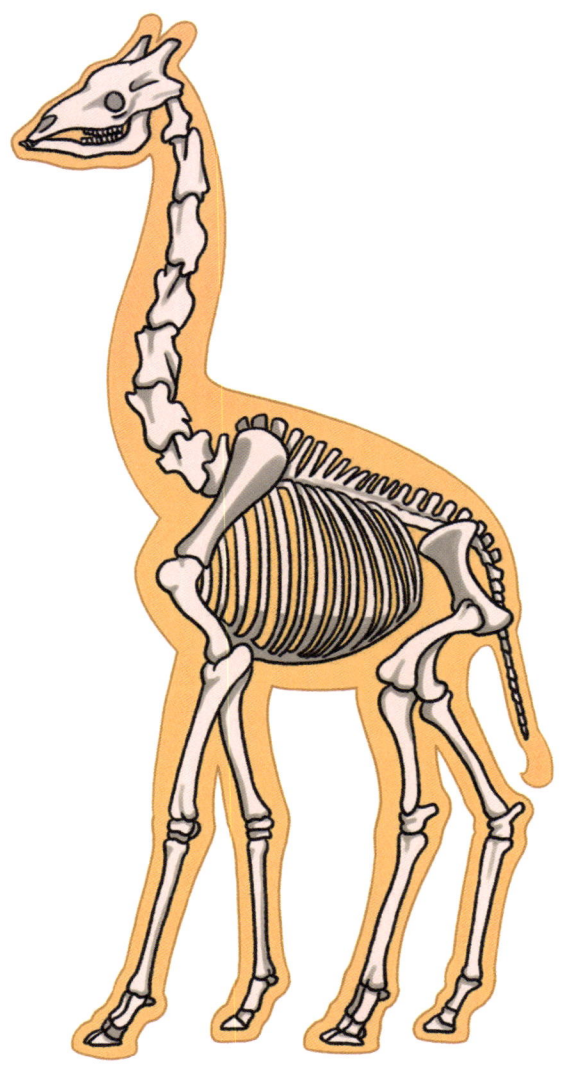

에 가지고 있는 경우도 있어. 게나 새우 같은 갑각류와 딱정벌레 같은 곤충류야. 몸 밖에 뼈 역할을 하는 단단한 **겉뼈대**로 둘러싸여 있는데, 이 껍질은 단단한 키틴으로 만들어져 있어. '외골격'이라고도 부르는 겉뼈대는 몸을 지탱하고 속의 부드러운 몸을 외부로부터 보호하는 역할을 해. 겉뼈대가 있는 동물은 물속에 사는 경우가 많아. 물속에서는 겉뼈대가 가볍게 느껴지기 때문이지.

등에 커다란 껍질을 이고 다니는 거북은 어떨까? 거북은 겉뼈대가 있는 동물 중에서 상당히 특이한 편에 속해. 등껍질은 본래 갈비뼈와 등뼈가 합쳐져서 만들어졌어. 즉 갈비뼈와 등뼈가 붙어 있는 셈이야. 등껍질은 아주 훌륭한 방어 수단이야. 거북은 위급한 상황에서 껍질 속으로 머리, 팔, 다리, 꼬리를 쏙 넣어 자신을 보호하지.

'바다에 사는 말'이라는 뜻의 해마는 물고기이지만, 똑바로 서서 헤엄을 쳐. 해마는 꼬리지느러미가 없기 때문이야. 해마는 갑옷처럼 생긴 단단한 겉뼈대가 몸을 감싸고 있고, 단단한 척추뼈를 가지고 있어.

옛날 말은 발가락이 있었다고?

 육지에 사는 동물 중 말은 빨리 달리기로 유명하지. 가장 빠른 말 품종으로 알려진 경주마는 최고 시속 70~72km까지 달릴 수 있다고 해. 사람 중에서 가장 빨리 달리는 자메이카의 우사인 볼트는 최고 속도가 시속 44km 정도야. 만약 100m 달리기를 한다면 우사인 볼트보다 말이 2배 정도 빠르게 달릴 수 있는 거지.

 말이 지구상에 등장한 시기는 약 5,800만 년 전이야. 당시 말은 지금과는 달리 키가 30~50cm밖에 되지 않을 정

도로 몸집이 매우 작았어. 그리고 네 개의 발가락도 있었지. 말은 진화를 거듭하면서 몸집이 점점 커졌고, 빨리 오랫동안 달리는 능력이 살아남기 위해 매우 중요한 조건이 되었어.

큰 몸집으로 빨리 달리려면 발가락이 여러 개 있는 것보다 합쳐지는 것이 더 유리해. 말은 발굽이 하나가 되면서 늘어난 체중을 효율적으로 지탱할 수 있었고, 땅과 닿는 면도 넓어져서 힘차게 달릴 수 있게 되었지. 그래서 지금 지구에 사는 말들은 모두 발굽이 하나뿐이야.

이런 사실은 어떻게 알게 된 걸까? 바로 뼈 덕분이지. 세

계의 많은 유적지에서 발굴한 뼈를 분석해서 알 수 있었던 거야. 말뿐만이 아니라 지금은 멸종한 공룡이나 매머드의 생김새가 어땠는지도 알 수 있고, 오래전에 살았던 물고기와 지금 물고기가 무엇이 다른지도 알 수 있어. 뼈에는 그 동물이 살아온 진화의 역사가 고스란히 담겨 있거든.

세상에서 가장 유명한 공룡 뼈

미국 시카고의 미시간 호수 옆에는 세계에서 가장 큰 자연사 박물관의 하나인 '필드 자연사 박물관'이 있어. 1893년 문을 열었고 매년 200만 명 이상의 관람객이 방문하는 시카고 최고의 명소지. 필드 박물관 최고의 스타는 '수Sue'라는 이름의 공룡이야. 티라노사우루스 렉스의 골격인 수는 세계에서 가장 크고, 완벽하게 보존되어 있기 때문에 어린이가 좋아하는 공룡 중 하나지. 수라는 공룡의 이름은 처음 발견한 수 헨드릭슨의 이름을 따서 지어졌어.

1990년 8월 12일 미국 중북부에 있는 사우스다코타주에서 발견된 수는 몸체 길이가 12.3m, 땅에서 엉덩이까지의 몸체 높이가 4m나 되는 큰 공룡이야. 전체 골격의 약 90%

미국 시카고의 필드 자연사 박물관에 전시된 티라노사우루스 렉스 '수'

가 잘 보존된 상태로 발견되어 많은 사람을 놀라게 했어. 이렇게 완벽하고 많은 공룡 화석이 한꺼번에 발견된 것은 처음이거든. 수는 6,500만 년 전부터 6,700만 년 사이 중생대 백악기 후기에 살았을 것으로 추측돼. 살아 있을 때 몸무게는 6.4톤 이상 되었을 거야.

수는 공개 경매를 통해 팔린 세계 최초의 공룡 화석으로 기록되기도 했어. 1997년 10월 뉴욕 맨해튼의 소더비 건물에서 열린 경매에서 수의 낙찰 가격은 무려 836만 달러_{약 100억 원}에 달했지. 월트 디즈니 리조트와 맥도날드 등의 후

원을 받은 필드 자연사 박물관이 수를 사들이는 데 성공했고, 3년간의 준비 끝에 2000년부터 박물관의 새 식구가 되었어. 수가 전시된 다음부터 방문객 수는 매년 15~20%씩 늘어났고, 수는 박물관의 상징으로 자리 잡았다고 해.

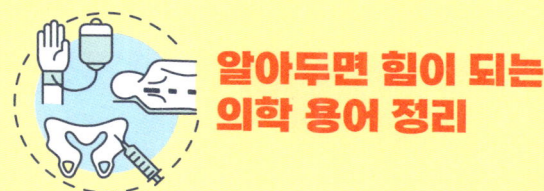# 알아두면 힘이 되는 의학 용어 정리

무척추동물 곤충이나 개구리처럼 척추가 없는 동물.
척추동물 사람이나 개처럼 척추가 있는 동물.
겉뼈대 동물의 몸 밖에서 뼈가 덮여 있는 골격. 달팽이 같은 연체동물이나 게나 새우 같은 갑각류에서 볼 수 있음.

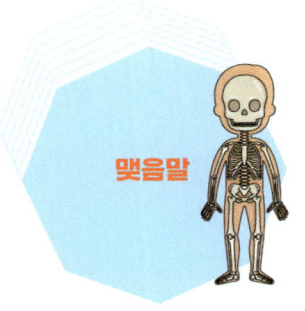

맺음말

뼈가 아프면 어디로 가야 할까?

지금까지 우리는 뼈에 관한 여러 가지 흥미로운 사실을 알아봤어. 뼈는 우리 몸의 골격을 이루는 단단한 조직이야. 우리 몸을 지지하고, 여러 가지 운동을 할 수 있게 하고, 뇌를 비롯한 중요한 장기들을 보호하고, 혈액 세포를 만드는 등 많은 역할을 하고 있어.

뼈를 평생 건강하게 잘 유지하는 것은 우리 몸의 건강에 매우 중요한 일이지.

의학을 공부하려면 우리 몸의 기초 구조인 뼈에 관한 지식을 쌓고 이해를 넓혀가는 것이 중요해. 그런데 뼈에 관한 공부는 의학의 어느 분야에서 다루는 걸까?

기초의학 과목의 하나인 해부학과 생리학에서는 뼈의 기본적인 구조와 기능을 배우게 돼. 이를 통해 뼈에 발생하는 질병의 원인과 치료 방법에 대해 잘 이해할 수 있는 바탕을 마련하는 거야. 그리고 병리학에서는 질병의 원인 등에 대해 자세히 공부하고, 약리학에서는 치료에 사용되는 약물을 공부하지.

임상의학에서 뼈, 관절, 근육, 인대 등에 생긴 질환을 진료하는 곳은 정형외과야. 정형외과 의사는 뼈에 관한 전문 지식과 경험을 골고루 갖추고 있지. 만약 다치거나 사고로 골절이 생겼거나, 뼈가 심하게 아프고 관절 주위가 붓거나, 뼈가 움직이는 느낌이 있다면 즉시 정형외과에서 진료를 받아야 해.

정형외과 의사는 환자의 증상을 파악하고 엑스레이, 초음파, 컴퓨터단층촬영CT, 자기공명영상MRI 같은 진단 검사를

하고, 진단 결과가 나오면 환자의 치료에 가장 도움이 되는 적절한 방법을 찾아 치료를 시작하지. 치료 방법에는 약물 치료, 수술 치료, 물리 치료 등이 있어.

뼈에 관한 지식이 가득 담긴 이 책을 읽으면서 여러분이 의학에 더 흥미가 생기고, 뼈에 관한 궁금증도 많이 풀 수 있었으면 해.

그럼, 다른 책에서 또 만나!

리틀 히포크라테스 07
뼈가 없으면 우리 몸은 어떻게 될까?

초판 1쇄 발행 2025. 6. 15.

글쓴이	박승준
그린이	박민희
발행인	이상용 이성훈
발행처	봄마중
출판등록	제2022-000024호
주소	경기도 파주시 회동길 363-15
대표전화	031-955-6031
팩스	031-955-6036
전자우편	bom-majung@naver.com

ISBN 979-11-94728-06-1 73510

값은 뒤표지에 있습니다.
잘못된 책은 구입한 서점에서 바꾸어 드립니다.
본 도서에 대한 문의사항은 이메일을 통해 주십시오.

봄마중은 청아출판사의 청소년·아동 브랜드입니다.